MODES ET MANIÈRES D'AUJOURD'HUI

1914

MODES ET MANIÈRES D'AUJOURD'HUI

(3ᵉ ANNÉE)

1914

COLLECTION PIERRE CORRARD

MODES ET MANIÈRES D'AUJOURD'HUI

HENRI DE RÉGNIER
VIT CES DOUZE AQUARELLES DE
GEORGE BARBIER
ET SE DIVERTIT A LES CHANTER

1914

DEUX SONNETS

&

DOUZE POÈMES

PAR

HENRI DE RÉGNIER

DE L'ACADÉMIE FRANCAISE

Les Modes et les Manières

D'hier comme d'aujourd'hui,

Automnales, printanières ;

Taille qui ploie, œil qui luit,

Cheveux nattés ou crinières,

Jeux du jour ou de la nuit !

Leur ronde, sous les bannières

Du goût, tourne sans ennui,

Troupe folle que, très fières,

Habillent les couturières.

Mais c'est l'Amour qui conduit

Vos caprices éphémères,

O vous, Modes et Manières

De demain, d'hier, d'aujourd'hui !

Les compositions sont de George Barbier.
Examine-les bien au jour ou sous la lampe.
C'est lui qui, patient, dessina chaque estampe
Et fixa les couleurs sur le blanc du papier.

Il est habile. Il sait son art et son métier
Et, d'un pinceau léger que le ton juste trempe,
Allonger d'un trait fin un bel œil vers la tempe,
Ou peindre aux mains la lourde rose ou l'arc altier.

Moi, tout en feuilletant les images du livre,
J'ai vu des bouches me sourire et des yeux vivre,
Et, parfois, j'entendais ton rire, ô volupté !

Soumis, j'ai répondu à qui me faisait signe,
Et de cela, lecteur, il en est résulté
Ces poèmes en prose et ces vers que je signe :

HENRI DE RÉGNIER.

LA BELLE MATINEUSE

Je t'ai connue à ton matin, Belle Matineuse ! Souviens-toi. Quand l'aube faisait filtrer son rai de clarté dans l'obscurité de ton logis, tu t'étirais lentement, puis, à regret, les yeux encore lourds d'un sommeil trop bref, tu t'asseyais au rebord de ton lit avec une moue fatiguée et tu hésitais à poser tes deux petits pieds nus sur le carreau nu de ta mansarde.

Car tu habitais une mansarde, une vraie, avec un mur mansardé pourvu d'une tabatière qui ouvrait sur le ciel de Paris, sur un carré de ciel qu'elle ourlait comme pour le proposer en exemple au travail de tes doigts. Ton lit de fer reposait, de ses quatre pieds à roulettes, sur le carrelage disjoint. Tout en haut d'une haute maison bruyante de querelles ouvrières, de jurons dans les couloirs et de gros souliers dans l'escalier interminable, tu vivais, menue et laborieuse, perchée en ta cage faubourienne, comme un oiseau.

Mais l'oiseau s'est envolé. Il a emprunté les ailes de l'amour. C'est l'amour qui, d'un coup de sa baguette, a changé ta couchette de fer en ce lit élégant. Il a agrandi en fenêtre la tabatière; il a remplacé le carrelage par un tapis moelleux. Maintenant une charmante table de laque rouge supporte ton

déjeuner. De belles babouches dorées attendent tes pieds
délicats et ton chien de la Chine, assis sur son derrière, te
regarde avec ses gros yeux de chimère réelle.

A présent, si tu te lèves de bon matin, ô Belle Matineuse, ce n'est plus pour tremper le nez dans la cuvette d'eau
froide et pour ne pas manquer l'heure où s'ouvre l'atelier. Tes
pas ne foulent plus le trottoir boueux et tes doigts ne manient
plus l'aiguille piquante. Non! Si tu t'éveilles matin, c'est que
tu sais que l'auto sera, de bonne heure, à ta porte pour te
conduire où le commandra ton caprice, pour t'emmener à la
campagne afin que tu y respires l'air frais, cet air qui donne
aux jeunes femmes le teint des fleurs et qui arrondit à leur
poitrine le fruit savoureux de leur beauté.

LA VASQUE

Elle est nue, debout au milieu de la vasque carrée qui s'encastre dans le pavage de marbre blanc et noir. Elle est svelte et robuste comme les deux colonnes qui soutiennent le plafond invisible de la salle fraîche où elle baigne son corps doublement matinal, car la jeunesse en anime les formes harmonieuses.

De ses deux bras levés, elle hausse, au-dessus de sa tête, une grosse éponge ruisselante et toute dorée. Elle a l'air ainsi d'invoquer quelque dieu de la mer où elle est née, comme Vénus, et dont elle garde encore les fines algues au creux de ses bras onduleux. L'eau coule sur ses épaules, et son geste est si pur que, sans le bonnet à la mode qui emprisonne sa chevelure, on croirait que cette belle baigneuse vous apparaît du fond des temps, comme une vision voluptueuse et vivante.

Et cependant, elle est bien réelle, la belle baigneuse ! Elle ne s'évanouira pas en une vapeur dorée. Quand le petit nègre, qui la regarde avec des yeux naïfs et émerveillés, lui aura tendu le peignoir et qu'elle aura séché son corps rafraîchi, c'est d'étoffes modernes qu'elle le vêtira, et elle deviendra

une de ces élégantes dames d'aujourd'hui, dont nous admirons la grâce compliquée et délicieusement actuelle.

Ce n'est point un char attelé de rapides chevaux ou une litière portée par des esclaves lents qui l'attend. Non, c'est quelque auto à la carrosserie luisante et précise qui l'emportera vers les allées du Bois, et les promeneurs qui admireront la séduisante silhouette de cette Parisienne de bon ton, sous ses atours éphémères et charmants, ne songeront guère que, tout à l'heure, elle était pareille à ces déesses nues qui, imitées par le marbre, maintiennent parmi nous la divine présence et le souvenir de la Beauté.

LE COUP DE VENT

Comme il faisait le plus beau temps du monde et que le soleil brillait au ciel printanier, elle a mis, pour sortir, sa robe la plus fraîche et la plus printanière. Quand on ressemble soi-même à une belle journée, n'est-il pas juste d'en adopter les couleurs et d'en porter sur soi le reflet vivant?

Vous décrirai-je la robe d'Aline? Non, mais vous saurez que cette robe est ce qu'il faut qu'elle soit lorsque l'on a, comme Aline, le corps long et souple. Je vous dirai donc seulement qu'Aline est chaussée de mignons brodequins de cuir rouge, que des fruits, rouges aussi, enguirlandent son chapeau coquet, que son ombrelle a un manche également rouge et que tout cela est charmant.

Regardez-la. N'est-elle pas délicieuse à voir? Elle marche sagement à travers la campagne fleurie, de même que, prudente et sage, elle s'avance au-devant de la vie. A pas légers, elle foule un gazon très vert. Elle jouit de la fine journée. Je jurerais qu'elle n'a dans la tête que des idées à l'air de son visage. Ah! qu'on l'étonnerait donc, si on lui prédisait qu'un jour, peut-être, l'amour troublera sa petite cervelle!

Mais le printemps est perfide comme l'amour et la jeunesse est changeante comme un jour d'avril. Tout à coup, voici que le ciel est traversé d'un brusque frisson. Les arbres s'agitent subitement et leurs petites fleurs s'envolent en un tourbillon affolé. La robe d'Aline colle soudain à son corps, puis palpite comme si des mains invisibles voulaient l'arracher, et Aline se sent comme nue. Pourtant elle résiste de son mieux à la rafale. Aline, Aline, prenez-garde, le moindre souffle de l'aile de l'amour est plus fort que le plus fort vent d'avril !

L'OISEAU VOLAGE

J'avais un perroquet bleu dont j'étais folle... Il imitait la toux de mon vieil amant et chantait à ravir, bien que d'une voix un peu rauque, l'air que mon jeune amour lui avait appris patiemment. Il mangeait dans ma main des grains choisis et, dans sa cage treillagée, au toit en pagode, il se balançait à un large anneau d'or.

Un soir, la porte de la cage étant ouverte, il est parti. Je l'ai pleuré, je l'ai tant pleuré que j'ai porté son deuil et que j'ai renvoyé le vieil amant et le jeune amour dont la toux et la voix me rappelaient trop amèrement cet oiseau chéri.

Et puis, je me suis consolée. J'ai remis ma robe à ramages et j'ai ri à d'autres amis et, dans la belle cage vide, je vois déjà se balancer mes oiseaux futurs, plus beaux que des songes... un merle blanc, peut-être? un phénix? ou cet oiseau couleur du temps, prince enchanté, qui aima Florine.

Et, tout à coup, mon perroquet bleu est revenu. J'ai entendu un frisson d'ailes, j'ai levé les yeux, je l'ai vu qui se dandinait sur la branche d'un pin empourpré. Que je l'ai

trouvé laid! ridicule avec son bec crochu et ses façons sottes d'imiter les voix du passé! Que je l'ai détesté, mon perroquet bleu! Et je lui ai dit, en imitant à mon tour sa rauque parole aux roulements âpres : « As-tu bien voyagé, Jacquot? Retourne, retourne d'où tu es revenu... »

L'ARC ROUGE

Un jour où je m'ennuyais, j'ai pris pour m'amuser un grand arc rouge qui, dans le coin d'une salle déserte, étirait avec ennui sa courbe inutile. Je suis sortie en le brandissant et parfois je m'arrêtais en essayant de tendre la corde.

Je vis bientôt que j'étais suivie par un petit être vêtu de rouge, aux couleurs de l'arc et qui tenait un carquois. Il me présenta de belles flèches dont les pennes étaient déjà cramoisies et comme sanglantes avant le jet.

C'est alors, charmant et pauvre inconnu, que vous passâtes. La flèche me tentait, l'arc était vibrant, et, malgré ma main inexperte, le dard vous atteignit aussi profondément que si vous aviez été mon ennemi.

Je fus stupéfaite et désespérée. Vous voir souffrir! Ah! quel ennui et que le destin me sembla stupide! Vous n'êtes pas encore guéri et, depuis ce jour malheureux, vous m'importunez de vos soupirs. Je vous ai blessé, et vous me traitez d'inhumaine... Mais aussi, pourquoi passiez-vous?

———

MIDI SUR L'EAU

Rappelle-toi ce jour d'été où tu t'es dressée debout à l'arrière de la barque. Tes petits pieds chaussés de mules rouges se sont posés sur le bois grossier du bateau. Tu portais une robe toute blanche semée de papillons mauves et ton casaquin était ourlé du même vert que les revers qui découvraient ton cou gracieux. Ton chapeau était charmant et son retroussis s'ornait d'un pompon, rouge aussi, comme ton étroite ceinture. Pour visage, tu avais ta figure.

Tu m'as regardé et je t'ai regardée. Fatigué d'avoir ramé, j'avais accosté le canot à la pointe de l'île. Le lac était bleu. Je me reposais en respirant la fraîche odeur des herbes et des feuillages, car l'île est toute plantée de beaux arbres dont quelques-uns se penchent sur l'eau, comme ce saule dont les branches flexibles servaient d'appui à tes mains et dont le mouvement léger aurait suffi à t'enlever dans l'air si quelque brise l'avait agité.

Et je pensais : Oh! mon amour, laisse-moi te prendre dans mes bras et t'emporter avec moi! D'un bond nous sauterons à terre, et vivement, du talon, je repousserai la barque allégée. Elle s'en ira à la dérive et nous resterons dans l'île

solitaire. Tu es belle, je suis fort. Je te construirai, de mes mains, une cabane rustique comme dans les histoires de naufragés. Je te cueillerai des fruits et nous boirons l'eau des sources. Nous vivrons là en Robinsons de l'amour.

Er j'ai levé les yeux vers toi pour te supplier d'accéder à ma prière, puis je les ai baissés tristement, car ils avaient vu ton chapeau délicieux, ta robe onduleuse, toute l'élégance de ta longue personne et de tes petites mules rouges, et je comprenais qu'il aurait fallu être fou pour enfermer une Parisienne comme toi dans une île déserte où il y a des fleurs et des sources, des oiseaux et des feuillages, mais où l'on ne trouve ni confiseurs, ni bijoutiers, ni modistes, ni couturières et où l'amour ne peut s'exprimer ni par un ruban, ni par une robe et n'aurait pour couronner ton front que cette branche de saule que taquinait ta main d'enfant gâtée.

ROSES DANS LA NUIT

Je ne sais pourquoi j'ai songé, ce soir, à un bouquet d'autrefois, un bouquet de roses pourpres à l'odeur enivrante et ténébreuse qui parfumait une chambre endormie...

Je ne sais pourquoi j'ai songé, ce soir, à ce bouquet de jadis et je me suis promenée rêveusement, à tout petits pas, dans les allées bleu foncé du jardin nocturne, et, malgré moi, je détournais la tête pour humer dans la brise obscure le souvenir de cette odeur.

C'est alors que j'ai senti contre ma joue le choc velouté d'une fleur lancée d'une main sûre et j'ai vu, féerique et malicieuse, la nuit, la nuit d'été à la robe couleur de l'air, dont la ceinture et le chapeau étaient pointillés d'étoiles, qui, devant moi, en me lançant des fleurs, s'esquivait.

Une rose et puis une rose... encore une rose et une autre rose, et des roses, et toujours des roses... J'étais lapidée de roses. C'étaient bien celles-là qui composaient le bouquet du passé, le bouquet pourpre et enivrant. Et je dis : « O nuit !

Encore une rose, je t'en supplie, cette rose, là, que mon bien-
aimé écrasa sur mes lèvres chaudes. Cette rose, là !... »
Mais la nuit riait silencieusement et, ironique, répondait :
Non !

L'ILOT

Que cet îlot de corail est petit au milieu de cette mer immense et bleue ! Je ne vois plus le rivage et j'ai eu beau faire des signaux désespérés aux gens qui sont dans la barque qui passe, ils ne veulent pas venir à mon secours et ils se moquent de moi.

Me voici toute seule avec ce jeune homme étrange et à demi nu, sur cet îlot. Je ne le reconnais pas. Pourtant, je me suis élancée avec lui, sans crainte, intrépidement, sans voir combien je m'éloignais de la grève, à la nage, en plein amour.

Maintenant, il me fait très peur... Je suis lasse. C'est en vain qu'il est gentil et rattache à mon épaule un nœud défait. Je ne le croyais pas aussi noir auprès de moi si blanche. Et moi-même, je me contemple avec étonnement. Des vêtements nouveaux sèchent sur mon corps ; mes lèvres ont le goût du sel ; mes pieds, dans leurs cothurnes cramoisis, se crispent sur le madrépore, et le soleil est moins ardent malgré mon petit chapeau pointu.

Tout cela est absolument incompréhensible et je vou-

drais, de tout mon cœur, être ailleurs qu'au milieu de l'immensité... Oui, même dans la plus laide de ces petites villas qui craquent de chaleur sur la plage et où, dans un étroit petit lit, à l'abri des courtines de cretonne à l'odeur rêche, je pourrais reposer toute seule et bien tranquille.

———

SHEHERAZADE

Maintenant, ô Sheherazade, que, pour la mille et unième fois, vous avez charmé la nuit du Sultan attentif et fantasque dont vous avez vaincu le caprice cruel; maintenant que vous êtes sûre que le lacet de soie ne serrera pas votre cou délicat et que votre tête charmante ne roulera pas, à l'éclair rouge du sabre, sur la dalle de marbre; maintenant, vous êtes triste, et vos beaux yeux semblent naïvement déçus.

Que vous manque-t-il donc, ô Sultane subtile, Reine des histoires merveilleuses? Votre Maître reconnaissant ne vous a-t-il pas commandé chez le bon faiseur la robe la plus délicieuse du monde puisqu'elle vous va à ravir? Et cette émeraude et ces perles ne sont-elles pas une marque de votre pouvoir magique et un signe de la gratitude de votre auditeur nocturne? N'est-ce pas lui aussi qui vous a fait présent de cet arbre nain de la Chine que vous désiriez depuis si longtemps et de ces deux roses qui chargent de leur poids odorant chacune de vos mains?

Et cependant vous êtes triste, ô Sheherazade! S'il vous fallait conter encore un dernier conte, je crois que vous inventeriez quelque histoire bien mélancolique, celle d'une jeune

femme qui s'ennuie, car vous vous ennuyez, n'est-ce pas?
Vous dédaignez de respirer l'odeur de vos belles roses et vous
vous détournez de votre miroir. Vous y verriez pourtant un
charmant visage, le vôtre, le visage matinal de l'Enchanteresse
de tant de nuits.

Mais l'heure avance et l'ombre approche, ô Sheherazade!
Ce soir, vous n'aurez nulle histoire à conter. Venez au jardin
vous asseoir silencieusement auprès des fontaines. Ce sont elles
qui parleront pour vous. Est-ce ce silence qui vous attriste?
Avez-vous donc pris goût à la rouge menace suspendue sur
votre tête? Les femmes aiment le péril, et l'amour est le plus
dangereux des sultans. Regardez, ô belle rêveuse, ce croissant
de lune qui monte au ciel, clair et coupant. Son reflet dans
l'eau du bassin ne semble-t-il pas faire allusion à ce sabre courbe
qui eût pu trancher le fil soyeux et mille et une fois renoué de
votre Destin?

LA LOGE

Q ᴜᴇ son mari appuie au bord de la loge son gros poing ganté de blanc, que son amie s'apprête à venir s'asseoir à côté d'elle, Aglaé n'en aura pas moins le sentiment de son importante solitude !... Que valent ces vaines ombres auprès de son incomparable et délicieuse personne? En quoi sont-elles utiles à son existence? Elle seule, elle est.

E ʟʟᴇ est par son corps à la taille mince et aux bras frais, par son cou délicat. Elle est par son visage aux grands yeux et à la bouche petite, par ses oreilles où scintillent des pendeloques, par son front qu'orne la frange de cheveux échappée à la coiffure qui enserre la rondeur de sa tête et d'où jaillit, hautaine, d'une grosse émeraude, une prodigieuse, une triomphale aigrette.

E ᴛ maintenant, que la toile se lève, que l'orchestre roucoule ou se déchaîne, que les voix chantent ou dialoguent, que les acteurs rient ou pleurent, se querellent ou se caressent, qu'il s'agisse d'amour ou de mort, que le plus souple des danseurs et la plus charmante des ballerines évoquent le spectre d'une rose, Aglaé n'en demeure pas moins indifférente à ces jeux !

C'est qu'elle sait bien que tout cela n'est qu'une parade
sans intérêt et que c'est pure condescendance si les specta-
teurs consentent à applaudir. Aglaé sait bien que le vrai spectacle, le spectacle unique et incomparable, celui vers lequel,
le rideau baissé, tous se retourneront, c'est elle. Et c'est cet
hommage qu'elle attend, droite, grave et presque hiéra-
tique, sous l'imperceptible tremblement de sa prodigieuse
aigrette.

LA DANSE

Je suis beau. Mon corps maigre, que vêt une ample robe d'or, s'incruste dans le panneau de laque noir qu'ornementent mon chapeau pointu et mes chaussures recourbées. L'artiste chinois qui m'a représenté m'a fait des moustaches tombantes et des ongles démesurés, qui attestent, par leurs pointes aiguës, la noblesse de ma vie.

Elle fut vagabonde. Dès que les pinceaux et les enduits eurent fixé mon image dorée, un marchand vénitien m'acheta et m'emporta dans sa ville lointaine. Le patricien, auquel il me vendit, m'accrocha dans une des salles de son palais. Là, entre deux miroirs de Murano, j'ai assisté à des scènes galantes et courtoises. J'ai vu des gens soulever leurs masques de carton blanc pour boire des sorbets et manger des fruits glacés. Toutes les grâces de Venise ont paradé devant mes yeux bridés, jusqu'au jour où un seigneur allemand m'échangea contre une bourse de sequins.

Le Margrave, mon nouveau maître, avait un gros ventre, des yeux bleus et une perruque poudrée. Il aimait la musique et la bouteille. J'ai vu ruisseler la mousse des cruches de bière. L'étiquette imposait bien des révérences et des cérémonies,

mais, à certains soirs de tabagie, on ne se gènait pas cependant
pour m'envoyer au nez la fumée des grosses pipes de porce-
laine. Puis, le Margrave me donna à un lord anglais. Je l'ai
vu plus d'une fois rouler sous la table, ivre de claret et de
porto.

Aujourd'hui, je ne regrette ni la Chine. ni l'Allemagne,
ni Londres la brumeuse, ni Venise au ciel changeant. J'appar-
tiens à une jeune dame de Paris qui a pour moi toutes sortes
d'égards. Elle m'a suspendu, dans son salon, à la place d'hon-
neur. Parfois, du divan où elle s'allonge pour se reposer, elle
regarde avec amitié mes longues moustaches et mes ongles
acérés. Mais, hélas! elle ne se repose guère et je ne suis que
rarement seul avec elle. Passe encore, quand elle reçoit ses
amies autour de la table à thé. mais, trop souvent, elle s'aban-
donne aux bras de quelque danseur de *tango!* Alors je sens
frémir de jalousie mon maigre corps sous mon ample robe
dorée. Ah!comme je voudrais la griffer de mes ongles, de mes
ongles que je cache sous les larges plis de mes manches
pagodes.

ARLEQUIN OU LE DÉSIR

Je sais ce qu'il te dit, car il est le Désir, et nous avons tous été lui-même, comme il est chacun de nous. Il est le Désir et c'est pour cela qu'il est revêtu d'un habit de couleur double et qu'il a mis un masque sur son visage, car le Désir est changeant et secret et ne veut pas se reconnaître s'il lui arrivait d'apercevoir son image dans les miroirs du passé. Il ne veut jamais avoir que la figure du moment.

Il est venu à toi, souple, et dansant, et il t'a parlé dans l'ombre parce que sa voix est plus insinuante dans les ténèbres. Il t'a suivie au jardin nocturne parce que sa voix est plus émouvante quand elle se mêle aux soupirs du feuillage et aux bruits des fontaines, quand elle se mêle à tout le vaste silence de la nuit et que son écho se prolonge en quelque musique lointaine.

Il t'a parlé et je sais ce qu'il t'a dit. Il t'a dit qu'il t'apportait la joie d'être aimée et admirée, la douceur qu'une bouche murmurât à ton oreille des paroles que l'on n'oublie plus, la volupté d'être pressée sur un cœur haletant. Il t'a dit qu'il t'apportait le vrai trésor de la vie, fait de caresses, de fièvres et de souvenirs. Il t'a dit que tu étais belle et t'a juré d'être éternel.

Et tu l'as écouté — parce que la nuit était douce et par-
fumée, parce que le feuillage nocturne frémissait langoureuse-
ment, parce que la fontaine murmurait dans la vasque harmo-
nieuse, parce que les roses embaumaient l'ombre, parce que
la musique de fête attendrissait le silence, parce que ton jeune
cœur était avide de vie et d'amour et parce qu'il faut que toute
femme ajoute aux bijoux de sa parure la douloureuse, l'étin-
celante, la divine scintillation des larmes.

DOUZE AQUARELLES
PAR
GEORGE BARBIER

La Belle Matineuse

Je t'ai connue à ton mari, ô belle Matineuse! Souviens-toi.....

La Vasque

Elle est nue, debout au milieu de la vasque qui s'encastre dans le pavage
de marbre blanc et noir.

Le Coup de vent

Comme il faisait le plus beau temps du monde et que le soleil brillait au ciel printanier. …

L'Oiseau volage

J'avais un perroquet bleu dont j'étais folle ....

L'Arc rouge

Un jour où je m'ennuyais, j'ai pris pour m'amuser un grand arc rouge.....

G. BARBIER 1914

Midi sur l'eau

Rappelle-toi ce... jour d'été où... te dresser debout à l'arrière de la...

L'Îlot

Que cet îlot de corail est petit au milieu de cette mer immense et bleue!...

Roses dans la nuit

Je ne sais pourquoi j'ai songé, ce soir, à un bouquet d'autrefois.....

Schéhérazade

La Loge

Que son mari appuie au rebord de la loge son gros poing ganté de blanc...

La Danse

Arlequin

Je sais ce qu'il te dit, car c'est le Désir et nous avons tous été lui-même,
comme il est chacun de nous......

ACHEVÉ D'IMPRIMER LE 2 MARS 1914
PAR MAQUET
10, RUE DE LA PAIX, PARIS

www.ingramcontent.com/pod-product-compliance
Lightning Source LLC
LaVergne TN
LVHW012220170726
843503LV00005B/2182